BEI GRIN MACHT SICH IHR WISSEN BEZAHLT

- Wir veröffentlichen Ihre Hausarbeit, Bachelor- und Masterarbeit

- Ihr eigenes eBook und Buch - weltweit in allen wichtigen Shops

- Verdienen Sie an jedem Verkauf

Jetzt bei www.GRIN.com hochladen und kostenlos publizieren

Sara Ekici

Hochsprung: Einführung Hochsprung - Hochsprung in Variationen – Schersprünge - Kurvenlauf und Absprung beim Flop

1. Erlernen der Strukturmerkmale Flop

GRIN Verlag

Bibliografische Information der Deutschen Nationalbibliothek:

Die Deutsche Bibliothek verzeichnet diese Publikation in der Deutschen National-
bibliografie; detaillierte bibliografische Daten sind im Internet über http://dnb.d-
nb.de/ abrufbar.

Impressum:

Copyright © 2011 GRIN Verlag GmbH
Druck und Bindung: Books on Demand GmbH, Norderstedt Germany
ISBN: 978-3-656-27080-5

Dieses Buch bei GRIN:

http://www.grin.com/de/e-book/200869/hochsprung-einfuehrung-hochsprung-
hochsprung-in-variationen-scherspruenge

GRIN - Your knowledge has value

Der GRIN Verlag publiziert seit 1998 wissenschaftliche Arbeiten von Studenten, Hochschullehrern und anderen Akademikern als eBook und gedrucktes Buch. Die Verlagswebsite www.grin.com ist die ideale Plattform zur Veröffentlichung von Hausarbeiten, Abschlussarbeiten, wissenschaftlichen Aufsätzen, Dissertationen und Fachbüchern.

Besuchen Sie uns im Internet:

http://www.grin.com/

http://www.facebook.com/grincom

http://www.twitter.com/grin_com

Name: Sara Ekici
Schule: Schubart-Gymnasium Ulm
Datum: 01.07.2011

Thema der Unterrichtseinheit: 1. Erlernen der Strukturmerkmale Flop

Thema der Stunde: Einführung Hochsprung;
- Hochsprung in Variationen – Schersprünge
- Kurvenlauf und Absprung beim Flop

1. Bedingungsanalyse:

1.1 Rahmenbedingungen

Klasse: 10 b/c

Schülerzahl: 17 Schülerinnen

Entwicklungsstand:

Die Schülerinnen sind zwischen 15 und 17 Jahre alt. Folgt man dem Modell von Stefan Asmus, so wird die Entwicklung des Kindes zum Erwachsenen in fünf Stufen unterteilt. An dieser Stelle muss allerdings darauf hingewiesen werden, dass dieses Modell lediglich eine allgemeine und grobe Orientierung leisten kann. Jedes Kind entwickelt sich individuell. Der Großteil der Schülerinnen kann jedoch der fünften Entwicklungsstufe, der zweiten puberalen Phase (Adoleszenz), zugeordnet werden. Diese letzte Entwicklungsstufe ist insbesondere „durch eine Abnahme aller Wachstums- und Entwicklungsparameter" (vgl. Weineck, 2007, S.187) gekennzeichnet. Da das extreme Längenwachstum der ersten puberalen Phase durch ein erhöhtes Breitenwachstum ausgeglichen wird, zeigen sich nun auch Proportionen wieder stimmig. Die damit einhergehende Steigerung der koordinativen Fähigkeiten, der erhöhte Kraftzuwachs sowie die Fähigkeit, neue Bewegungen gut und schnell zu speichern, führen dazu, dass „diese Phase nach dem späten Schulkindalter nochmals eine Phase erhöhter motorischer Leistungsverbesserung darstellt" (vgl. Weineck, 2007, S. 187), weshalb auch von einem 'goldenen Lernalter' gesprochen werden kann.

Leistungsstand:

Die Kenntnisse und Bewegungserfahrungen, die die Schülerinnen in den verschiedenen Sportarten mitbringen, sind sehr unterschiedlich. Der Leistungsstand ist im Allgemeinen durchschnittlich, da richtig guten Schülerinnen auch schwache Schülerinnen gegenüberstehen. Dies zeigte sich besonders im Volleyball. Einige Schülerinnen sind sehr aktiv, lernbereit und ehrgeizig, wobei sich einige Schülerinnen kaum an den Ball gewöhnen konnten. Zahlreiche Mädchen haben koordinative und konditionelle Schwächen.

1.2 Spezielle Bedingungen:

Sportstunden:
2 Sportstunden pro Woche,
eine Doppelstunde Freitags: 9:35 – 11:05 Uhr

Sportstätten:
Die Sporthalle/Außenanlage der Blauringhalle liegt 5-7 min. Fußweg vom Schulgelände entfernt. In der Sporthalle und Außenanlage befinden sich ausreichend Geräte, die der Stunde zur Verfügung stehen.

Umgebender Unterricht:
Die Sportstunde am Freitag ist die 3./4. Stunde des Tages. Da die Blauringhalle erst erreicht werden muss, beginnt der Unterricht leicht verzögert.
Nach der Doppelstunde schließt sich die erste große Pause an. Um den Schülerinnen genug Zeit zum Duschen und Umziehen zu geben, endet der Unterricht um 10.55 Uhr.

Motivation:
Obwohl vielen Schülerinnen die leichtathletischen Bewegungen schwerfallen, kommen sie lernbereit und gern in den Sportunterricht. Der Großteil der Schülerinnen versucht den Anweisungen und Übungen umzusetzen. Mangelnde Konzentration über die ganze Doppelstunde hinweg und die Trägheit einiger weniger Schülerinnen erschwert ab und an die Arbeit mit dieser Gruppe.

Spezielle Vorkenntnisse:
Die Vorerfahrungen der Schülerinnen beruhen auf den behandelten Inhalten der vorangehenden Klassenstufen. Da die Schülerinnen aus unterschiedlichen Klassen stammen, kommen verschiedene Vorkenntnisse zusammen. Einige haben im Leichtathletik den Hochsprung noch nie thematisiert und haben daher wenig bis kaum Vorkenntnisse.

<u>Soziale Aspekte der Gruppe:</u>

Berücksichtigt man, dass diese Mädchengruppe in dieser Form nur Freitags in der Sportstunde aufeinandertreffen, ist das Sozialklima als recht gut anzusehen. Viele der sportlich guten Mädchen unterstützen die anderen und sind gern bereit gewisse Punkte mit ihnen zu wiederholen. Eine schwache Schülerin, die sehr ungern Sport treibt, grenzt sich oft selbst aus. Durch die hohe Hilfsbereitschaft der einiger Schülerinnen wird sie ansatzweise miteinbezogen. Des Weiteren herrschen gewissen Freundschaften und Sympathien, die sich aber keineswegs negativ auf die Gruppendynamik auswirken. Die Unterrichtsatmosphäre ist recht angenehm und das Lehrer-Schüler-Verhältnis freundlich und respektvoll.

2. Bildungsplan, Kern- und Schulcurriculum

Der Bildungsplan 2004 nennt in den Leitgedanken zum Kompetenzerwerb insbesondere zwei Zielsetzungen für den Sportunterricht. Dieser Doppelauftrag des Sportunterrichts bezieht sich zum einen auf die Erziehung zum Sport, die auf eine Bewusstmachung von Bewegung als Lebensprinzip abzielt und zum anderen die Erziehung durch Sport, die sich das Entwickeln positiven Körpergefühls und Stärkung der Persönlichkeit als Ziel setzt. Aus diesem Doppelauftrag werden unterschiedliche Handlungsfelder abgeleitet, aus denen Einstellungen, Erfahrungen und Kompetenzen entwickelt werden. Für den heutigen Sportunterricht werden die im folgenden aufgeführten Handlungsfelder von Bedeutung sein:

Die Schülerinnen:

- „verbessern ihre motorische und konditionelle Leistungsfähigkeit und können diese richtig einschätzen;

Im Sportbereich II der Individualsportarten sollen die Schülerinnen folgende Kompetenzen und Inhalte erwerben:

- „die in Klasse 8 gelernten leichtathletischen Techniken anwenden;
- einen leichtathletischen Mehrkampf bestehend aus Kurzstrecke, Sprung- und Wurfdisziplin absolvieren" (Ministerium für Kultus, Jugend und Sport, 2004, S. 300)

Das Schulcurriculum des Schubart-Gymnasiums, 2008 gibt für die Klassenstufe 10 folgende Kompetenzen und Inhalte vor:

Die Schülerinnen sollen,

- Hochsprungtechnik differenzieren (Kerncurriculum Schubart-Gymnasium Ulm – Klasse 9/10, S. 4).

3. Sachstrukturanalyse

3.1 Thematik der Unterrichtseinheit

20.05.2011	Leichtathletik	GFS zum Kugelstoßen;Vorbereitende Übungen zum Stoßen und Werfen & Einführung Kugelstoßen – Methodische Reihe
27.05.2011	Leichtathletik	Kugelstoßen; Stabilisation mit Medizinball & Paarformen zum Stoßen und Werfen
03.06.2011	Leichtathletik/ Volleyball	Kugelstoßen; Stoßen mit der Kugel aus dem Angehen bzw. dem Nachstellschritt Volleyball; Verbesserung des Spiels 3:3
10.06.2011	Leichtathletik/ Volleyball	Kugelstoßen; Verbesserung Stoßen aus dem Angehen bzw. dem Nachstellschritt, Erweiterung der Technik durch Angleiten Volleyball; Verbesserung des Spiels 3:3
01.07.2011	**Leichtathletik**	**Hochsprung; Hochsprung in Variationen – Schersprung Kurvenlauf und Absprung beim Flop**
08.07.2011	Leichtathletik	Hochsprung; Verbesserung der Flugphase und Landung
15.07.2011	Leichtathletik/ Volleyball	Freies Üben, Notenabnahme

3.2 Didaktik

Hochsprung in Variationen – Schersprung & Kurvenlauf und Absprung beim Flop

Nach Sprint, Weitsprung und Ballwerfen als grundlegende leichtathletische Disziplin sind der Hochsprung und parallel dazu das Überlaufen von Hindernissen als weiterführende Techniken einzuführen (vgl. Roselnfelder, S. 56, 2011). Weit- und Hochsprung besitzen zwar strukturelle Ähnlichkeiten, doch die Gewichtung der einzelnen Bewegungsphasen ist für die Sprungleistung unterschiedlich. Der Hochsprung ist ein vertikalbetonter Absprung und beinhaltet eine Lattenüberquerung. Gegenüber dem Weitsprung ist die zyklische Schnelligkeit von untergeordneter Bedeutung. Es kommt im Konditionstraining der vertikalen Sprungkraft, einer speziellen Schnellkraftfähigkeit, die größte Bedeutung zu (vgl. Schröter, S. 245, 1985). Da es bei der Entwicklung der Floptechnik immer wieder zu Fehlerbildern wie 'in die Latte fallen' kommt, ist parallel zu Verbesserung der Absprung, Flugphase und Landung beim Flop immer wieder der Scher- bzw. Steigesprung aus dem kurvenförmigen Anlauf in die Hochsprungeinheit einzubauen. Es wird besonders auf die Körperstreckung, das hohe Schwungbein und die unterstützende Armarbeit (Doppelarmschwung oder Führarmtechnik) geachtet. In dieser Doppelstunde zum Hochsprung werden die Unterrichtsschwerpunkte auf den Hauptfunktionsphasen des Hochsprungs, der Anlaufphase, der Absprungvorbereitung und der Absprungphase liegen.

Wichtig ist, ein angstfreies Springen über die „Latte" zu initiieren und das wiederholte Auflegen der Latte und somit zeitaufwändige Unterbrechungen zu verhindern. Dazu kann im Schulunterricht über lange Zeiträume hinweg mit Zachariasband oder Zauberschnur gesprungen werden.

<u>Lernziele und Kompetenzen:</u>

Die Schülerinnen sollen eine optimale Anlaufgeschwindigkeit entwickeln und in der Absprungvorbereitung und Absprungphase eine hohe Abfluggeschwindigkeit und dabei den notwendigen Drehimpuls zur Lattenüberquerung erzeugen.

Zusätzlich sollen folgende Teillernziele Berücksichtigung finden und die aufgeführten Kompetenzen entwickelt werden:

Motorisch:

- bogenförmiger Ballenlauf bei hohem Kniehub
- senken des KSP durch die Impulskurve
- schnelles Abklappen des Fußballens
- stemmender Einsatz des Sprungbeines

Kognitiv:

- Entwicklung der Bewegungswahrnehmung und -steuerung

Sozial:

- Hilfestellung leisten
- miteinander Auf- und Abbauen
- gegenseitige Bewegungskorrektur

Affektiv:

- Freude an der neuen Bewegung erfahren
- Freude am eigenen Können empfinden

Über diese Teillernziele sollen die Schülerinnen neben der Weiterentwicklung der sportmotorischen Fähigkeiten und Fertigkeiten ihre Lernbereitschaft einbringen, das Verantwortungsbewusstsein und die Teamfähigkeit bei der gegenseitigen Korrektur vertiefen.

4. Methodik

<u>Hochsprung in Variationen – Schersprung & Kurvenlauf und Absprung beim Flop</u>

Da die Hochsprungtechnik eine koordinativ anspruchsvolle und gegebenenfalls wegen der Lattenüberquerung eine beängstigende Bewegung darstellt, müssen die Schülerinnen schrittweise an die Gesamtbewegung herangeführt werden. Innerhalb der Unterrichtseinheit werden die Hauptfunktionsphasen der Hochsprungtechnik, das Kurvenlaufen/Unterlaufen, Absprung, Flugphase/Lattenüberquerung und Landung, nacheinander im Unterricht thematisiert. Die Hauptfunktionsphasen werden deduktiv und Schritt für Schritt geschult, um zu einer klaren Bewegungsvorstellung und konkreten Bewegungsausführung zu gelangen.

Dabei ist diese Doppelstunde nach dem Prinzip vom Einfachen zum Komplexen und vom Bekannten zum Unbekannten aufgebaut. Die direkte Aneinanderreihung zahlreicher Teilaktionen in konkreter dynamischer Struktur würde die Schülerinnen zunächst überfordern. Deshalb steht im Mittelpunkt der Zergliederungsmethode ein Teil der Hauptfunktionsphase, das Anlaufen/Kurvenlaufen und die Absprungphase der Floptechnik. Dazu gehen wir auf die Außenanlage der Blauringhalle an die Hochsprungmatte. Um die Angst und Hemmung vor der Lattenüberquerung zu nehmen, wird eine Zauberschnur gespannt, die mit kleinen Glöckchen für direktes akustisches Feedback versehen ist.

Das allgemeine Aufwärmen dient der Herz-Kreislauf-Aktivierung und der Vorentlastung des Hauptteils. Denn bereits zu Beginn der Stunde sollen die Schülerinnen im Hinblick auf die spätere, für den Hochsprung wichtige und beanspruchte Muskelpartien erwärmen, um so Zerrungen etc. vorzubeugen. Dazu bewegen sich die Schülerinnen in einem abgesteckten Feld und müssen verschiedene Hindernisse überwinden. Auf Pfiff finden sie sich in einer bestimmten Zahl zusammen. Am Ende wird die Zahl 3 angezeigt, die der Gruppeneinteilung für den nächsten Teil, dem Staffel-Spie dient. Da die Gruppengröße es nicht zulassen wird, wird es auch 4er Gruppen geben.

Beim Staffel-Spiel sprinten die Schülerinnen schnellstmöglich zum Hindernis (Bananenkiste), überspringen diese und laufen zurück zum nächsten Läufer, um diesen anzuschlagen. Jede Schülerin einer 3er Gruppe sprintet 4 Mal und der 4er Gruppe 3 Mal, sodass jede Gruppe 12 Sprints absolviert hat.

Der nächste Teil widmet sich der speziellen Erwärmung und dem Sprung-ABC. Zunächst wird das Sprung-ABC mit Seil, später dann ohne Seil durchgeführt. Das Sprung-ABC dient in erster Linie der Sprungkoordination. Das „Seilspringen" ist jeder Schülerin aus der Kindheit bekannt und hält einen großen Spaß- und Motivationsfaktor inne.

Für den Organisationsrahmen wird eine Laufstrecke ca.15-20m markiert, die Schülerinnen stellen sich in eine Reihe nebeneinander auf und starten, je nach Schülerinnenanzahl in 1-3 Reihen. Die nächste Reihe startet, wenn die Vorderen eine bestimmte Markierung erreicht haben. Die Lehrperson demonstriert die jeweiligen Sprungelemente, die Schülerinnen machen diese dann nach. Im Anschluss an das Sprung-ABC, wird eine offene Bewegungsaufgabe gestellt. Die Schülerinnen sollen frontal auf die Hochsprunganlage zulaufen und beliebig springen und landen. Daraufhin gibt die Lehrperson Hinweise, wie z.B. einbeinig springen/landen, landen auf dem Rücken/Gesäß, usw. Anschließend wird die Bilderreihe der Floptechnik thematisiert, Wissen über die Hauptfunktionsphasen der Floptechnik vermittelt und die Phasen für diese Doppelstunde festgelegt und kurz analysiert. Die Schülerinnen erlangen mit diesem Hilfsmittel eine Bewegungsvorstellung und ein Bewegungsverständnis.

Die Schülerinnen wissen nun, dass der Fokus dieser Doppelstunde auf dem Anlauf- und der Absprungphase liegt. Es erfolgt an der Anlage durch schrägen Anlauf Schersprünge auf der Matte, nacheinander starten sie mit den Landungen 1. stehend, 2. sitzend und 3. auf dem Rücken mit ¼ Drehung. Die Schülerinnen folgen dabei dem Rundlaufprinzip: springen – weiterlaufen – wieder anstellen. Die Laufkurve wird mit Pylonen rechts und linke markiert.

Als Variation kann die Lehrperson in der Mitte der Matte stehen und die springende Schülerin schlägt nach dem Sprung den Lehrer mit lattennaher Hand ab. Alternativ kann man den Schülerinnen jeweils ein zerknotetes Seil in die lattennahe Hand geben, welches sie am höchsten Punkt der Flugkurve in die andere Hand übergeben.

Nach den ersten aufgefrischten Sprungerfahrungen gehen die Schülerinnen in den Achterlauf um Pylonen mit Tempowechsel. Diese Übung schult das kurvenförmige Anlaufen, die Anlaufrhythmisierung und die Kurveninnenlage. Der Achterlauf wird mit einem Steigesprungabschluss erweitert. Die Schülerinnen sichern sich gegenseitig mit einem Klammergriff an der Hüfte.

Nachdem diese Übung erfolgreich durchgeführt wurde, werden die Bewegungen zusammengeführt und es erfolgen Sprünge aus längerem Anlauf, mit dem Schwerpunkt weiterhin auf dem Schwungbeineinsatz. Organisationsrahmen ist wieder das Reißverschlussverfahren.

Nach einigen Sprüngen gehen die Schülerinnen zu zweit zusammen und beobachten sich gegenseitig bei der Bewegungsausführung und nehmen dazu ein Feedbackbogen zur Hilfe.

Eine Ergebnissicherung gibt anhand der Bilderreihe und der Feedbackbögen Aufschluss über den Unterrichtserfolg und bildet Ausgangspunkt für ein Anschlussgespräch mit den Schülerinnen. Danach erfolgen der organisierte Abbau der Geräte und das Abdecken der Hochsprunganlage.

5. Medien und Geräte

- Pfeife
- Bewegungsbilderreihe

- Feedbackbögen

- Stifte

- Pylonen

- Bananenkisten

- Bricks

- Seile

- Hochsprungmatte

- Zauberschnur

- Glöckchen

6. Literatur

- Belz, M. & Frey, G. (2009). Doppelstunde Leichtathletik. Schorndorf.

- Meinel, K. & Schnabel, G. (1998). *Bewegungslehre – Sportmotorik*. Berlin.

- Ministerium für Kultus, Jugend und Sport – BW: Bildungsplan Baden-Württemberg 2004 – allgemeinbildendes Gymnasium, Stuttgart 2004

- Rosenfelder, W. (2011). *Leichtathletik spielend lernen und trainieren – Attraktive Doppelstunde für alle Altersstufen*. Wiebelsheim.

- Schröter, B. (1985). *Grundlagen der Leichtathletik*. Berlin.

- Weineck, J.(2007). *Optimales Training. Leistungsphysiologische Trainingslehre unter besonderer Berücksichtigung des Kinder- und Jugendtrainings.* Balingen.

Name: Sara Ekici   Datum: 01.07.2011   Klasse: 10b/c   Halle/Platz: Blauringhalle Außenanlage

UE/Thema der Stunde:
Leichtathletik: Einführung Hochsprung; Hochsprung in Variationen – Schersprünge & Kurvenlauf und Absprung beim Flop

Zeit	Inhalt	Ziele/ Kompetenzen	Organisationsrahmen Medien – Geräte	Hinweise/Korrektur Hilfen
9.40	Stundeneröffnung • Begrüßung • Anwesenheit • Sicherheit • Thema • Erwartung	• Kontaktaufnahme • Rahmen der Stunde • offizieller Stundenbeginn	• S sitzen im Halbkreis oder auf Bänken	• Hinweis auf methodische Hinführung
9.44	Allgemeine Erwärmung: <u>Spungarten im Feld</u> • S bewegen sich frei im abgesteckten Feld und überspringen dabei Hindernisse • auf Pfiff finden sich S in bestimmten Zahl zusammen → am Ende 3er Gruppe <u>Staffel-Spiel</u> • S sprinten schnellstmöglich zum Hindernis, überspringen dieses und laufen zurück zum Team, um nächsten Läufer abzuklatschen • jeder S sprintet 4x (in 4er Gruppe 3x)	• HKS-Aktivierung • Erwärmung für Sprung wichtigen Beinmuskulatur • Vorbeugung von Zerrungen etc. • → Vorentlastung des Hauptteils	• Pylonen • Bananenkisten • Bricks • Pfeife • in 3er (4er) Teams	• L. kontrolliert Übungsausführung • L. fordert richtige Ausführung ein Gefahrenquelle Zusammenstoß • Hinweis: links neben dem Hindernis zurücklaufen

Zeit	Inhalt	Didaktischer Kommentar	Organisation	Lehrerverhalten
9.53	Spezielle Erwärmung: Sprung-ABC mit Seil • Sprunglauf • Laufen mit 1er/2er Kontakt • beidbeinige Sprünge mit/ohne Zwischensprung • einbeinig rechts/links Springen • einbeing 2x re/li im Wechsel • Doppeldurchschlag • zu zweit zusammen Sprung-ABC ohne Seil • Sprint-Hopser • Steigesprünge • Steigesprünge mit greifendem Fußaufsatz • Sprungläufe	• Schulung der Sprungkoordination • Motivation • Differenzierung über unterschiedliche Aufgabenstellungen	• Pro S ein Seil • markierte Laufstrecke 15-20m • Pylonen • zurückgehen → Regeneration • S stehen in Reihe nebeneinander (3-4 S pro Reihe) • Gruppen wie vorher • nächste startet, wenn Vordere best. Markierung erreicht hat • gleiche markierte Laufstrecke 15-20m • Gruppen wie vorher • Pylonen	• L. macht Übungsausführung vor • L. kontrolliert Übungsausführung • L. fordert richtige Ausführung ein • L. macht Übungsausführung vor • L. kontrolliert Übungsausführung • L. fordert richtige Ausführung ein
10.03	Offene Bewegungsaufgabe • frontaler Anlauf auf Hochsprunganlage • S springen und landen in beliebiger Position kleine Hinweise wie z.B. • springt einbeinig/beidbeinig etc. • landet einbeinig/auf dem Rücken/Gesäß etc. • einbeiniger Absprung – Landung mit ½ Drehung auf Rücken	• Hochsprungspezifisch • offene Bewegungsaufgabe ermöglicht variationsreiche und Könnensstand angepasste Lösungen • Übergang zum Steige bzw. Schersprung	• Hochsprunganlage • Pylonen als Ablaufmarkierung	• L. kontrolliert Übungsausführung • L. gibt Hinweise für weiteren Bewegungsverlauf

Zeit				
	• einbeiniger Absprung – Landung auf Schwungbein •			
10.10	Kurze Theorie: • Bewegungsreihe der Flop-Technik • Erläuterung der Hauptfunktionshasen 1. Anlaufen 2. Unterlaufen 3. Absprungen 4. Steigen 5. Floppen 6. Landen	• Wissen über die Hauptfunktionshasen der Flop-Technik	• Bilderreihe groß kopiert	• Schwerpunkt der Std liegt auf Anlauf und Absprung • Hinweis auf Bilderreihe
10.13	Schräger Anlauf und Schersprung • drei Schritte Anlauf • Schersprung auf Matte 1. stehend landen 2. sitzend landen 3. auf Rücken landen und ¼ Drehung → Rundlaufprinzip: springen – weiterlaufen – wieder anstellen Variation: • L. steht mittig auf Matte • S haben Zusatzaufgabe, nach dem Sprung den L. mit matten naher Hand abzuklatschen oder: • S bekommen Seil o.ä. und im höchsten Punkt der	• Schulung des Abspringens mit dem lattenentfernten Bein • im höchsten Punkt der Flugkurve wird Seil von lattennaher Hand in die andere übergeben • Schulung des Absprungs nach oben • Schulung des Armeinsatzes	• Hochsprunganlage • Pylonen als Ablaufmarkierung je re/li • Pylonen als Orientierung für Schrägen Anlauf • Glöckchen an der Zauberschnur als akustisches Feedback • verknotetes Seil	• L. macht Übungsausführung vor • L. kontrolliert Übungsausführung • L. fordert richtige Ausführung ein • L. sichert Sprungreihenfolge (Reißverschlussverfähren)

Zeit	Inhalt	Lernziel	Organisation	Hinweise/Korrekturen
	Flugkurve wird Seil von lattennaher Hand in die andere übergeben			
10.22	Achterlauf um Pylonen mit Tempowechsel: • S laufen in einer Acht um die Pylonen mit unterschiedlichen Geschwindigkeiten	• schult kurvenförmiges Anlaufen • schult Anlaufrhythmisierung • schult Kurveninnenlage	• Pylonen aufgestellt in achterform und zur Startmarkierung • S laufen in einer Acht um die Pylonen • beschleunigen auf einer Seite und gehen in die Kurveninnenlage	• L. macht Übungsausführung vor • L. kontrolliert Übungsausführung • L. fordert richtige Ausführung ein • L. sichert Ablauf
10.25	Achterlauf mit Steigesprungabschluss • S laufen in einer Acht um die Pylonen mit unterschiedlichen Geschwindigkeiten an Kopf und Fuß der Acht werden jeweils Steigesprünge nach oben mit einer ¼ Drehung mit Landung auf dem Schwungbein ausgeführt • S sichern sich gegenseitig mit Griff an die Hüfte	• Schulung des Schwungbeineinsatzes • Verknüpfung vom Kurvenlauf mit einem kleinen reaktiven Sprung mit anhaltender Körperspannung •	• Pylonen aufgestellt in achterform und zur Startmarkierung • S laufen in einer Acht um die Pylonen • beschleunigen auf einer Seite und gehen in die Kurveninnenlage • Steigesprung mit Landung auf dem Schwungbein • Hilfestellung erfolgt durch S	• L. macht Übungsausführung vor • L. kontrolliert Übungsausführung und Hilfestellung • L. fordert richtige Ausführung ein • L. sichert Ablauf Hinweise: • Schwungbein anreißen! • Mit Rücken zum Partner springen! • Blick zur Mitte der Acht! • Nach oben springen!
10.34	Springen aus längerem Anlauf: • Flopsprünge aus längerem Anlauf • Schwerpunkt liegt auf dem Schwungbeineinsatz, d.h. Drehung	• Schulung des Anlaufens und Abspringens • gegenseitige Korrektur	• In 2er Teams gegenseitige Korrektur/Feedback Hochsprunganlage • Pylonen als Ablaufmarkierung je re/li	Korrekturen: • Anlauf • Kurvenlauf • „erst nach oben springen!" • Absprung mit dem

	• Reißverschlussverfahren	• Pylonen als Orientierung für Schrägen Anlauf • Glöckchen an der Zauberschnur als akustisches Feedback • verknotetes Seil • Feedbackbogen	• richtigen Bein • Schwungbeineinsatz (Gesicht schaut nach Landung nach vorn) •
10.52	Gemeinsames Abbauen/Einräumen der Geräte		
10.57	Abschlussbesprechung	• Rahmen der Stunde • gemeinsames Stundenende • Auswertung; Erziehung zum/durch Sport • S sitzen/stehen im Halbkreis	• Zusammenfassung der Stunde • Ausblick • Schülermeinung einholen

Lightning Source UK Ltd.
Milton Keynes UK
UKRC010128091118
332018UK00007B/81